प्रथम प्रयास

आभा बंसल

ISBN 979-8-89673-706-3

अनुक्रमणिका

आभार

मान्या सुश्री रुपाली बोधानकर जी को यह पुस्तक मेरी ओर से सादर भेंट जिन्होंने इस पुस्तक के रेखाचित्रों को साकार रूप दिया।

1

मानवीय संबंध

मेरी नन्हीं परी

मेरे जीवन में आई एक नन्ही परी
बहुत सुन्दर, मासूम और बड़ी प्यारी ।

पहली बार उसे अपनी गोद में पाकर
मेरी आँखें नम हो गईं, उसे देखकर ।

घर में थी वो सबकी आँखों का तारा
उसका मुस्कुराता चेहरा लगता था सबको प्यारा ।

उसके इर्द-गिर्द घूमती थी, जिन्दगी सबकी
दूरी नहीं सहन थी, उससे एक भी पल की ।

उससे बातें करो तो ध्यान से सुनती थी
ऐसा लगता था मानों, वह सब समझती थी ।

पल-पल उसे बढ़ते हुए देखना
मानों सच हो रहा हो, मेरा कोई सपना ।

उसकी मासूम अठखेलियों को देखकर, दिन ऐसे गुज़र जाता
जैसे उस नन्ही कली का हो, मुझसे जन्मों का नाता ।

बिना तुतलाए हर शब्द को बोलना सहजता से
सुनकर लगा जैसे, कुछ भी माँगने को न रहा दाता से ।

नन्हें-नन्हें कदमों से, वो ठुमक ठुमक कर चलना
खिलखिलाकर हँसना, मुस्कुराना, वो माखन खाना ।

माखन और घी वह बहुत शौक से खाती थी
मुट्ठी में माखन भरकर, घी उंगली से चट कर जाती थी ।

जब मैं उसे प्रैम में लेकर घर से बाहर निकलती थी
वह प्रैम में खड़े होकर सबको बाय-बाय कहती थी ।

इस कारण उसकी बहुत लोगों से हो गई दोस्ती
सब लोग मुझे मेरे नाम से न बुलाकर, कहते थे तनु की मम्मी ।

परिवार के अन्य सदस्यों को भी, सब उसके नाम से बुलाते थे
यह सब देखकर, हम सब भी बहुत हर्षित थे।

वह रोती न थी ज़्यादा, सदा मुस्कुराती रहती थी
अपनी बातों व मुस्कुराहट से सबका मन मोह लेती थी।

रसोई में नानी के साथ, अपने चकले बेलन पर रोटी बनाती थी

छोटी रोटी के बन जाने पर सबको उसे खिलाती थी ।

घर में बने बगीचे में से, मटर निकालकर खा जाती थी

गुलाब की पंखुड़ियाँ सीधे उसके पेट में ही जाती थीं।

एक बार उसने पंजीरी के मिश्रण में, गरम मसाला मिला दिया

पंजीरी तो न बन सकी, पता नहीं उसे क्या बना दिया ।

स्कूल तो वो हमेशा खुशी-खुशी जाती थी

वहाँ से आकर मुझे, कुछ भी नहीं बताती थी।

स्कूल में कहानी सुनना और पक्षियों को दाना खिलाना, उसे बहुत भाता था

क्ले से खेलना और चित्र में रंग भरना, उसे अच्छी तरह आता था ।

सरोजनी नगर मार्केट में एक बार, वो हमसे बिछड़ गई

उस समय ऐसा लगा, जैसे हमारी दुनिया ही उजड़ गई।

रोते-रोते ढूँढते हुए उसे हमने एक दुकान पर लड्डु खाते हुए पाया

हमें सामने देखकर उसका वो मुस्कुराना, शुक्र है भगवान ने उसे हमसे मिलाया ।

पढ़ाई करते समय वह लिखने से कतराती थी
मम्मी लिखना नहीं है, यह कहने पर मार भी खाती थी ।

नर्सरी राइम्स (बालगीत) तो उसे झटपट याद हो जाती थी
और उन्हें वह सबको बड़े मज़े से सुनाती थी ।

धीरे-धीरे समय बीतता गया और वह बड़ी हो गई
मेरे हर काम में वह मेरा हाथ बँटाती रही ।

वह मुझसे और मैं उससे, हर बात साझा करते थे
आपस में बातें करते हम, खूब हँसते खिलखिलाते थे ।

ये सब तो बेटियाँ ही करती हैं, यह जाने दुनिया सारी
हम तो बस यही जाने, बेटियाँ होती हैं बहुत प्यारी ।

मेरा प्यारा नाती

जब मेरी बेटी ने मुझे खुशखबरी सुनाई, मैं उससे मिलना चाहती थी
पर वो मुझसे बहुत दूर, सिंगापुर में रहती थी ।

उसका हालचाल जानने के लिए, मैं उससे फोन पर बात करती थी
मातृत्व के इस सफर में, कोई तकलीफ न हो, इसलिए उसे नसीहतें
देती थी।
मैं बहुत खुश थी, क्योंकि नानी बनने जा रही थी
बेटी के आने वाले बच्चे की कल्पना से, मन ही मन हर्षा रही थी ।

कुछ महीनों बाद मुझे, बेटी के पास सिंगापुर जाने का मिला मौका
उसे सामने देखकर, मैंने अपने आँसुओं को मुश्किल से रोका।

बेटी की नियमित जाँच के लिए, मैं गई उसके साथ
सोनोग्राफी में बच्चे को देखकर, लगा उसे लगा लूँ हाथ।

फिर वो पल आया, जिसका बरसों से था इंतज़ार
बेटी को अस्पताल में भर्ती किया और मैं बैठ गई लेबर रूम के बाहर ।

कुछ घंटों की प्रतीक्षा के बाद, बाहर आकर डॉक्टर ने कहा
डिलीवरी नहीं होगी नार्मल, ऑपरेशन ही करना होगा ।

बच्चे को देखने की हसरत से, मेरी बेचैनी बढ़ रही थी
मैं कभी बैठती और कभी चहलकदमी कर रही थी ।

थोड़ी देर बाद, एक नर्स बच्चे को लेकर बाहर आई
उसे सामने देखकर, मैं तो फूली न समाई।

उसका बेटा बहुत ही प्यारा था, सिर पर थे असंख्य बाल
बड़ी बड़ी आँखों से देख रहा था, मैं तो उसे देखकर हो गई निहाल ।

मेरी बेटी को जब कमरे में लाया गया, तो उसके बेटे को लाए उसके
पास
अपने बेटे को पहली बार गोदी में उठाकर, उसकी भर आई आँख।

मेरी बेटी ने उसे खूब प्यार किया और कई बार चूमा
बच्चा भी माँ की गोदी में आकर, पहचान गया, यही है उसकी माँ।

उसके बेटे (आरव) को जो कोई भी देखता, उसके घने बालों को
देखकर हैरान हो जाता
क्योंकि सिंगापुर के लोगों का, घने बालों से दूर तक नहीं है नाता।

आरव के घर आने के बाद, समय का पता ही नहीं चलता
कभी उसका रोना, कभी मुस्कुराना देखकर, बहुत अच्छा लगता।

रात को वो जगाता था इसलिए सुबह उठना मुश्किल लगता था
लेकिन उसके सो जाने पर, वह ज़रा सी आहट पर ही उठ जाता था ।

उसे नहाना अच्छा लगता था, पानी से खेलना उसे बहुत भाता था
उसकी प्यारी-प्यारी हरकतें देखकर, मेरा मन बहुत हर्षाता था।

उसे बाहर लेकर जाओ तो, चारों ओर आँखें घुमा-घुमाकर देखता था
घूमने का बेहद शौकीन, वह खूब हँसता खिलखिलाता था।

जैसे-जैसे वह बड़ा होता गया, बढ़ती गई उसकी शैतानियाँ
उसके साथ समय बिताकर लगता, जैसे पा ली हो पूरी दुनिया।

उसने स्कूल जाना शुरू किया, स्कूल यूनिफार्म में लगता था बहुत प्यारा
हँसते-हँसते स्कूल जाता था, वह था सबकी आँखों का तारा।

अब आरव सात साल का है और कक्षा दूसरी में पढ़ता है
अपना हर काम वह स्वयं ही करता है ।

अपनी माँ के हर काम में, हाथ बँटाता है और है बहुत समझदार
वह बुद्धिमान और अनुशासनप्रिय है, करता है सबसे प्यार ।

भगवान करे, वह बने एक अच्छा इंसान और सदा आगे बढ़ता जाए
ज़िन्दगी में खूब उन्नति करे, कोई उसे पराजित न कर पाए।

आरव और उसकी नानी

आरव बहुत अच्छा बच्चा है, करता है बातें प्यारी-प्यारी

उससे बातें करना नानी को बहुत भाता है, वो जाए उस पर वारी - वारी ।

कला और शिल्प में है उसकी रूचि, तीसरी कक्षा में है वो पढ़ता

किताबें पढ़ने का शौकीन है, यू ट्यूब पर देखकर बहुत कुछ है बनाता ।

पढ़ने में है होशियार पर लिखाई में है सुधार की ज़रूरत

थोड़ा शर्मीला है, सबके साथ जल्दी घुलमिल जाने में है उसे दिक्कत ।

उसकी बातें सुनकर हर किसी के चेहरे पर आ जाती मुस्कुराहट

बहुत प्यारा है वो, अपने सब काम कर लेता फटाफट ।

आरव और नानी की खूब बनती है, नानी है उसकी फैन

आरव खूब पढ़े-लिखे और बने एक जैन्टलमैन ।

खूब तरक्की करे और जीवन में सदा सफलता से हो उसका सामना

ईश्वर उसे स्वस्थ रखे और दे अनगिनत खुशियाँ, यही है नानी की कामना ।

आरव और बिल्ली का बच्चा

बिल्ली के एक छोटे बच्चे को, आरव लाया अपने घर
उसे बड़े प्यार से गोद में उठाकर और बहुत ही सहेजकर ।

घर लाकर उसे दूध पिलाया और खिलाए बिस्कुट
बच्चा दूध गटागट पी गया, दूध पीकर वो दिखा संतुष्ट ।

बहुत देर तक दोनों खेले और खूब की मस्ती
गेंद से खेलने में तो, बच्चे को मिली बहुत खुशी ।

रात होने पर बिल्ली का बच्चा, ढूँढने लगा अपनी माँ
आरव उसे वहीं छोड़कर आया, जहाँ से उसको था लाया।

सबके बच्चे अच्छे लगते, मानव हो या पशु-पक्षी
सब इनसे प्यार करें और दें इनको भी खुशी ।

माँ

एक नन्हीं सी जान को माँ, दुनिया में लेकर आती है

उसका मासूम चेहरा देख माँ, फूली नहीं समाती है।

माँ की पूरी दुनिया ही बस, बच्चे में समा जाती है

बच्चा ही सब कुछ उसके लिए और नहीं कुछ वह चाहती है।

उसका हँसना, उसका रोना, बस उसका ही काम,

बाकी सब तो परे हो जाए, बस वही इक नाम ।

माँ बच्चे का रिश्ता तो, सारे रिश्तों से ऊपर है

माँ के लिए बच्चा, बच्चे के लिए माँ, ऐसा रिश्ता मिलना दूभर है ।

मां

बेटी

बेटी होती है शहद-सी मीठी

और मिर्च -सी तीखी

फूलों-सी महकती

सुहानी बसंती मौसम-सी

माँ की सच्ची दुआ - सी

मासूम शिशु-सी

सरल नीर-सी

खूबसूरत तितली - सी

चहकती चिड़िया- सी

चंचल हवा-सी

कोमल रुई-सी

मुस्कुराती सुबह - सी

बेटी की जिंदगी में, माँ का दर्जा है बहुत ऊँचा

'मातृ देवो भव' को सार्थक है करती, देती इसे मान्यता ।

बेटी को शिक्षित करें, संस्कार दें और दें अपनापन

हर ऊँचाई को छू लेगी, बढ़ाएगी आपका सम्मान ।

बेटा

बेटा होता है बुढ़ापे का सहारा, पूर्ण रूप से नहीं होता चरितार्थ, यह कथन
कुछ बेटे, माँ-बाप के दुख का, बन जाते हैं कारण ।

माँ-बाप को कष्ट देकर जली-कटी सुनाकर
उनकी हर तकलीफ से अपना पल्ला झाड़कर ।

उनके अस्वस्थ होने पर, सेवा-शुश्रुषा न करके
समझते स्वयं को महान, उनके लिए कुछ न करके ।

माता-पिता बेटा पैदा होने के लिए, माँगते मन्नतें
वही बेटा करता परेशान, उनकी परवाह न करके ।

उन्हें क्यों अपने माता-पिता के कष्ट का न होता अहसास ।
भविष्य में वे भी इस उम्र से गुज़रेंगे, इस सत्य को न आने देते पास।

बेटे का बेटा भी रहा है, ये सब देख
वो भी वही करेगा उनके साथ, ये तो होना है दिन एक ।

हे भगवान! ऐसे बेटों को आप देना सदबुद्धि
माँ बाप का रखें ध्यान, कर्तव्य निभाएँ निश्चय ही ।

दंपत्ति

दंपत्ति है, एक दूसरे के पूरक वो करें सब काम मिलकर
एक गाड़ी के दो पहिये कहलाते, गाडी चलाएँ दोनों मिलकर।

दोनों का है समान अधिकार, एक दूसरे को दे मान
दोनों ही कमाते पर पत्नी करे, घर के सारे काम।

शाम को दोनों थक कर आते, पति करे लेटकर आराम
पत्नी अपने आप को काम में झोकें, पति देता आर्डर न करे कोई काम।

सुबह यदि पत्नी रसोई में है व्यस्त, तो पति कर सकता है टिफ़िन पैक
उसके काम की करके तारीफ़, दे सकता उसे खुशियाँ अनेक।

बच्चों की पढाई में करके मदद, पत्नी का बोझ कुछ कम करे
सपरिवार साथ बैठकर हँसें, बतियाएँ और मन को हल्का करे।

पत्नी को अपने समान मानकर, हर काम में उसका सहायक बने
फिर गृहस्थी रूपी गाड़ी चलेगी सुचारु रूपेण, अगर पति ऐसा करे।

घर के कामों को आपस में बाँट ले, तो नहीं होगी तू-तू, मैं-मैं
बच्चों को मिलेगा स्वस्थ वातावरण, चहकेंगे वे पक्षियों की तरह।

रिश्ते

रिश्ते तो बनते हैं प्रेम और एहसास से

रिश्तों की डोरी तो, बँधी रहती विश्वास से ।

मां-बाप, भाई बहन, पति-पत्नी और अन्य रिश्ते

तभी रहते जीवित, जब निभाएँ जाएँ बिना स्वार्थ के ।

धन-सम्पत्ति पाने के लिए, भाई, बहन को दे धोखा

पुत्र पिता को, पति पत्नी को, मार डाले मिलते ही मौका ।

पहले रिश्तों को दी जाती थी, बहुत ही अहमियत

लड़की पूरे गाँव की मानी जाती थी बेटी, उसे मिलती थी इज्ज़त।

ईमानदारी से निभाए जाते थे, सभी रिश्ते

तभी तो कई परिवार मिलकर एक साथ थे रहते ।

2

प्रकृति की सुंदरता

फूल

प्रकृति की सुंदरता बढ़ाते हैं फूल
दुनिया में खुशबू फैलाते हैं फूल ।

खुशबू तो फूलों में रची-बसी रहती है
प्यारे-प्यारे रंगों की छटा भी हर्षाती है ।

फूल बगिया में हों या खिले हों गमले में
सबका मन मोह लेते हैं, बस एक ही पल में

मंदिर में या मस्जिद में, गुरूद्वारे में या गिरजाघर में
खुशी में या गम में, फूल अपना स्थान बना ही लेते सबके मन में

फूल अमीर-गरीब, धर्म और जाति में, नहीं करते भेदभाव
फूलों से अपनेपन का अहसास होता है, फूलों का है यह स्वभाव ।

एक सूत्र में पिरोए जाने पर, फूल बन जाते हैं माला
उसे पहनकर महसूस करें स्वयं को गर्वित, गोरा हो या काला।

देवों के सिर पर चढ़ जाएँ तो, बन जाते वे पूजनीय
सैनिकों की राह में बिछ जाएँ तो, हो जाते ये सराहनीय।

फूल अपनी मादक सुगंध से कीटों को भी मोह लेते
भँवरा भी फूलों पर बैठे उनकी टोह लेते-लेते ।

फूलों की सुंदरता से तितली भी कहाँ बच पाती है
रंग बिरंगी तितली भी फूलों पर आ जाती है ।

छोटे-बड़े हर किसी को, फूल बहुत ही भाते हैं
फूलों का तो क्या कहना, फूल सदा ही मुस्काते हैं ।

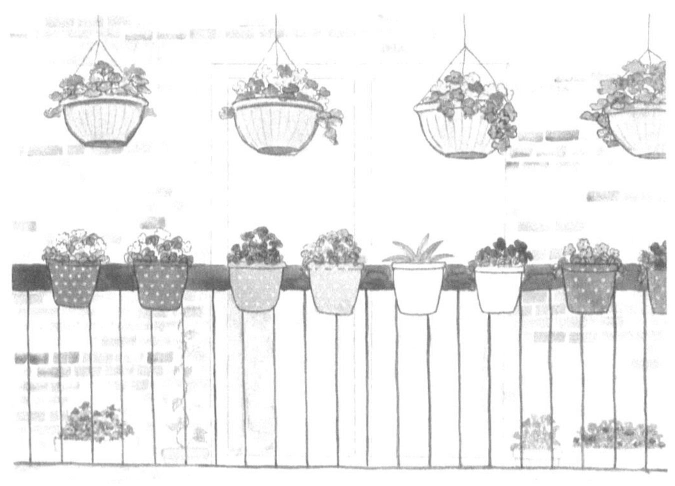

पेड़

माँ देती बच्चे को नव जीवन, पेड़ भी देते ऑक्सीजन
माँ करती उनका लालन-पालन, पेड़ भी देते अपने फल।

माँ बच्चे की रक्षा करती, पेड़ भी करते देकर औषधि
माँ सर्वस्व अर्पित कर देती, पेड़ भी देते अपना सभी

पेड़ हमारे जीवनरक्षक, पेड़ हमारे अन्नदाता
पेड़ हमें सब्जी, फल देते, पेड़ की हम करते पूजा ।

पेड़ हमें देते हैं सूत, पेड़ हमारे तन को ढकते
पेड़ हमें हैं छाया देते, वातावरण को भी शुद्ध करते।

पेड़ हमें कागज़, रबर, गोंद देकर बच्चों की शिक्षा में देते योगदान
पेड़ की लकड़ी से होती गृह सज्जा, पेड़ है पक्षियों का निवास-स्थान

वर्षा करने में ये सहायक, पशुओं का विश्राम स्थल,
राहगीरों को बचाएँ तपन से, भूख मिटाएँ देकर फल ।

अधिक से अधिक पेड़ लगाओ, पेड़ों को कटने से बचाओ
सब मिलकर सहयोग करो, देर मत करो जल्दी आओ।

तारे

रात हो गई निकले तारे
आसमान में चमके तारे।

टिम–टिम–टिम–टिम करते सारे
लगते हैं ये कितने प्यारे

बच्चों को ये बहुत हैं भाते
राहगीरों को राह दिखाते।

सूरज आने पर छिप जाते,
रात हुई तो फिर आ जाते।

बादल

उमड़-घुमड़ कर आए बादल

नीले बादल, काले बादल ।

चलते जा रहे रूकते न वो

न जाने, जाना कहाँ उनको ।

अलग-अलग आकृति बनाएँ

क्या - क्या दिखते, समझ न आए।

कभी पक्षी तो कभी है मछली

कभी नाव लहरों पर मचली ।

कभी शेर है, कभी है व्हेल

कभी मगरमच्छ, कभी है रेल ।

करते वर्षा छम-छम-छम

खुश होकर हम नाचें सब ।

इन्द्रधनुष

इन्द्रधनुष के सात रंग, कितने सुंदर कितने मोहक

आकाश में चमकता इन्द्रधनुष, लगता सबको आकर्षक ।

बैंगनी, आसमानी, गहरा नीला, हरा, पीला, नारंगी, लाल

इन सात रंगों से है सुशोभित, इन्द्रधनुष लगता है कमाल ।

वर्षा के बाद सूरज की किरणें, बूंदों से जब टकराएँ

बने आसमान में वक्र आकृति इन्द्रधनुष वो कहलाए।

रंग-बिरंगे इन्द्रधनुष को देख सब होते अति प्रसन्न

बच्चे खुश होकर नाचते गाते, होता सबका प्रफुल्लित मन ।

जीवन में जब मुसीबतों से, हो हमारा सामना

धीरज धरकर, हम हिम्मत से करें, उनका मुकाबला ।

खुशियाँ होंगी दामन में खड़े रहेंगे हम अडिग

इन्द्रधनुष-सा बनेगा जीवन, दूर हो जायेंगे सब विघ्न ।

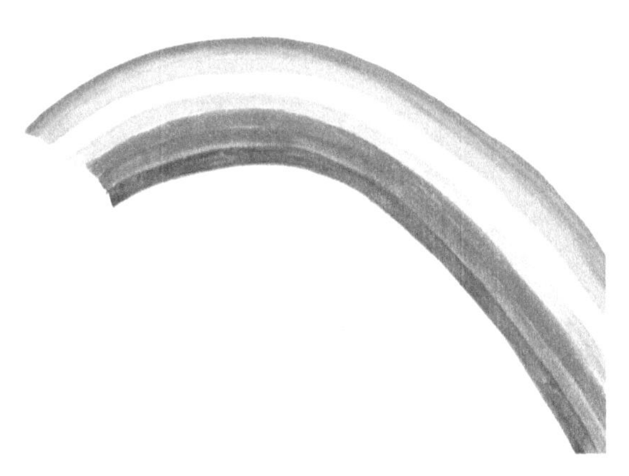

जल

जल देता है सबको जीवन, है जल बिन सब सून
जल है सबकी आवश्यकता, क्या प्राणी क्या चून ।

जल से प्रकृति, जल से मानव, जल से है हरियाली
जल से बारिश, जल से है अन्न, जल भूखे की भोजन - थाली ।

जल से है तन, सुंदरता और प्यासे की है आस
जल से संरचना शरीर की, हरी-भरी होती सूखी घास ।

जल बुझाता भूख गरीब की, किसान को है देता आशा
जल का न कोई है आकार, जल प्यासी धरती की भाषा।

सागर, नदी-नाले, तालाब, चाहे घर का हो पानी
जल तो है वो अविरल धारा बहती जाए, हो रात या दिन।

आँखों से बहता हुआ जल, कहे कहानी सुख-दुख की
जल हर रूप में है ढल जाता, क्या बात है इसके अपनेपन की ।

सीप के मुँह में गिरकर, है बन जाता जल मोती
नारी का सौंदर्य बढ़ाए, वही कीमती मोती ।

सुबह-सवेरे पत्तों पर जब दिखें ओस की बूंदें

हर दिल है खुश हो जाता, लें आनंद आँखों को मूंदें

जल के बिना कुछ न संभव, जल बिन न होता जीवन

जल-जीवों का प्राण यह है, जीवित रहती न मछली जल बिन ।

निरन्तर, अथक चलते रहने की, जल देता है सीख

सभी रूकावटों को करके दूर, पाएँ हम अपनी मंज़िल ।

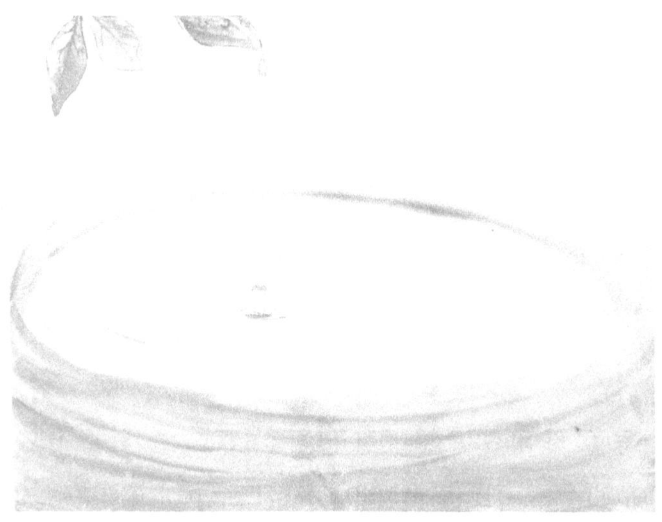

हवा

ए हवा, ए हवा, तू चली है कहाँ ?
है तू चंचल, कभी है यहाँ तो कभी है वहाँ ।

दे सबको जीवन, दे श्वास, दे तू आनंद
कभी प्राण वायु, कभी है तू शीतल ।

झोंका हवा का, लगे गुनगुनाता
झूमें पेड़-पौधे, वो सबको लहराता ।

युवती के बालों को, है तू सहलाता
समुद्री हवा से, है मन को महकाता ।

सुबह की हवा से, हैं खग चहचहाएँ
हों प्रसन्न सब प्राणी, वो कुछ गुनगुनाएँ ।

पेड़ की हो जो छाया और हवा की हो ठंडक
श्रान्त पथिक हो प्रसन्न, हो उनींदा वो पल-भर ।

फूलों की खुशबू को, है ये फैलाए

ये वातावरण को, सुगंधित बनाए ।

परागों को फूलों के, है ये उड़ाए

ज़मीं में उगें बीज, जो ये साथ लाए।

हवा शाम की सबको, मदमस्त बनाए

उल्लसित हों सभी, खुशी से खिलखिलाएँ ।

ढलता सूरज

ढल गया सूरज, हो गई शाम
सब लौटे घर, करके अपना काम ।

पक्षी - वृन्द भी, लौटे नीड़ में
दाना चुगकर, लाए चोंच में।

रक्तिम आभा लिए ढलता सूरज
लगता कितना सुंदर सूरज ।

सूर्यास्त का दृश्य मोहक
मन करे, देखें इसे एकटक ।

पर्वत के पीछे, ढलते सूरज को देखकर
हृदय गद्गद् हो जाता, खुश होते इसे निहारकर ।

ढलता हुआ सूरज, यह अनुभूति जगाए मन में
दुख के बाद आएगा सुख, स्फूर्ति जगेगी सबके तन में ।

ऋतुएँ

ऋतुएँ तो आती-जाती रहती हैं हर साल
गर्मी, सर्दी, बसंत, पतझड़ और बरसात ।

हर मौसम का होता है, एक अपना ही मज़ा
किसी के लिए ये आनंद की अनुभूति है, किसी के लिए सज़ा।

मनुष्य की परिस्थितियाँ ही उसे सुख-दुख का कराती हैं अहसास
हालात जैसे भी हों हमें अपने पर रखना चाहिए विश्वास ।

मनुष्य भी ऋतुओं की तरह, बदलते हैं अपना स्वभाव
कभी नरम, कभी गरम, कभी किसी के प्रति दुर्भाव ।

अपनी स्वार्थ पूर्ति के लिए लगा देते हैं, दाँव पर रिश्तों को
अपना फायदा ही, उनके लिए है सब कुछ, कुछ नहीं मानते ये किसी को ।

बदलती ऋतुएँ देती हैं, यही संदेश मानव को
हर हाल में आगे बढ़ते जाएँ, पछाड़कर परिस्थितियों के दानव को ।

सागर

अपने अंदर अथाह गहराई को समाए सागर
हज़ारों जल-जीवों को दे प्राण, ये विशाल सागर ।

सागर के अंदर की दुनिया, है बहुत खूबसूरत
विभिन्न प्रजाति, विभिन्न आकार के जीव, लगें मानों मूरत ।

सागर का पानी वाष्प बनकर उड़े और बने बादल
उसी पानी को जल के रूप में, बरसा देते बादल ।

धरती पर किसान और सभी प्राणी, ताकें बादल की ओर
कब पानी बरसेगा और प्यास बुझाएगा, धरती के हर छोर ।

सागर किनारे बैठकर लोग लें आनंद लहरों का
बच्चे भी प्रफुल्लित हों, देखकर रूप लहराती लहरों का ।

पानी में पैर लटकाकर बैठना, देता सबको खुशी
गीली रेत पर चलना और सवारी करना घोड़ागाड़ी की ।

समुद्र किनारे खेलना और लेना आनंद खाने-पीने का
सैल्फी लेना, परिवार सहित मग्न होकर नाचने-गाने का।

सागर जीवनदायक है और है विस्तृत
सागर की ये दुनिया है, बहुत ही अदभुत ।

पर्यावरण

पर्यावरण को हर हाल में है बचाना, ये है हमारा धर्म
पर्यावरण को सुरक्षित रखें, ये है हमारा कर्म ।

पेड़ों को कोई काट न पाए, इसका रखें हम ध्यान
पेड़ हमारी सम्पत्ति हैं, ये हैं देश की शान ।

अधिक से अधिक पेड़ लगाएँ, हरियाली को समृद्ध बनाएँ
छायादार वृक्षों के नीचे, सभी प्राणी आराम हैं पाएँ ।

चिड़ियों के घोसलों से पेड़ सभी आबाद रहें
चिड़ियों के कलरव को सुनकर हम खुशी का अहसास करें ।

यथासमय हो वर्षा, पानी का न रहे अभाव
वातावरण रहे हरा-भरा, किसान न झेले कोई दुष्प्रभाव ।

षड् ऋतुएँ अपना जलवा दिखाएँ
प्रकृति अपना सौन्दर्य लुटाए ।

पर्यावरण की रक्षा करना, हम अपना मकसद बनाएँ
कैसे भी हालात हों चाहे, हम अपना कर्त्तव्य निभाएँ ।

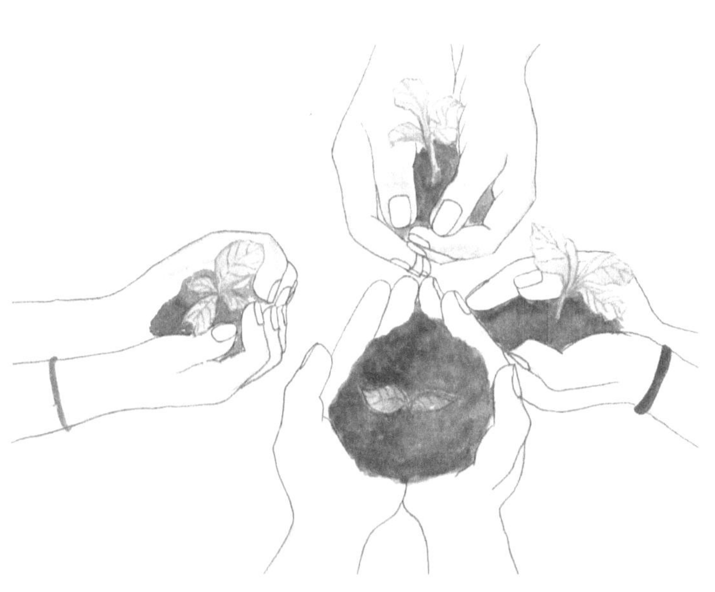

3

पशु

भालू का नाच

देखो-देखो भालू आया
काला, मोटा भालू आया ।

घूम-घूमकर नाच दिखाता
हर कोई दौड़ा चला आता ।

चुन्नु आया, मुन्नु आया
बबली आई, राजू आया ।

एक पैर में घुंघरू बाँधे
भालू दो पैरों पर नाचे।

बजाते ताली, बच्चे खुश होकर
कुछ बच्चे नाचें मग्न होकर ।

आते-जाते सब रुक-रुककर
देखें नाच भालू का हँसकर ।

भालू सिर घुमा घुमाकर नाचे
सारे बच्चे खुश हो जाते।

घुंघरू वाला पैर उठाकर
भालू करता छन-छन-छन-छन ।

खत्म हो गया नाच भालू का
बच्चे हँसते हा हा हा हा ।

पांडा

पांडा है बहुत प्यारा, भोला-भाला

रंग है इसका, सफेद और काला ।

बहुत ही मासूम, ये है चीन का वासी

सब इसे प्यार करें, चीनी हो या भारतवासी ।

बाँस है इसका प्रिय भोजन, पेड़ पर चढ़ जाता

बड़े शौक से उसको खाता, खाता और कुछ गिराता ।

लोगों के घर में घुस जाता, बड़े मज़े से वहाँ घूमता

सब बहुत चाहें इसको, कोई नहीं इसे भगाता ।

गोल - मटोल यहाँ-वहाँ लुढ़कता, उठकर फिर चल देता

मस्त चाल से है यह चलता, चलते-चलते नहीं है थकता ।

छोटे बड़े सब प्यार करें, मोहक है इसकी काली आँख

सॉफ्ट टॉयज में सबसे ऊपर, बच्चे करें इसी की माँग ।

शेर

शेर है जंगल का राजा
पशु उससे सब डरते

निर्भय होकर जंगल में घूमे
हर कदम शान से रखके।

सुनकर शेर की दहाड़ सब
भागें, सिर पर पैर रखकर,

पक्षी पेड़ों पर जा छिपते
बंदर भागें इधर-उधर।

मछलीघर

जैसे सब रहते हैं घर में मनुष्य, पशु और पक्षी

मकान, गुफा या घोंसला हो, या हो पेड़ की डाली।

वैसे ही मछली रहती जल में, जल ही है उसका जीवन

चाहे समुद्र हो, झील, सरोवर या फिर हो वो मछलीघर ।

काँच के मछलीघर में, मछलियाँ रहतीं सब मिल-जुलकर

सुनहरी, लाल, नीली पीली तैरतीं कभी नीचे, कभी ऊपर ।

आँखें उनकी हैं चमकती, लगतीं वे बहुत सुन्दर

बच्चे बहुत प्रसन्न हो जाते, उन्हें तैरते हुए देखकर ।

मछलियों का भोजन है दाना, बच्चे आतुर उन्हें खिलाने को

उन्हें खाते हुए देखकर लालायित होते, पल भर उनको छूने को ।

मछलीघर में बुलबुलों को देखकर हो जाते बच्चे हैरान

वे भी चाहें करें कुछ ऐसा, खुशनुमा हो जाए उनका जीवन ।

बंदर का खेल

एक मदारी लाया दो बंदर, खेल दिखाने को
एक था बंदर, एक बंदरिया हमें हँसाने को।

नाचे दोनों और की, बहुत कलाबाजियाँ
यह देख बच्चों ने बजाई जोर-जोर से तालियाँ।

रूठ कर बंदरिया ने दी धमकी, मायके जाने की बारम्बार
बंदर ने उसे खूब मनाया और दिए अनेक उपहार।

लाल रंग की चुनरिया, उसने बंदरिया को ओढ़ाई
उस चुनरिया को ओढ़ बंदरिया, बहुत ही शरमाई।

अब दोनों खुश होकर नाचे और हाथ फैलाया सबके आगे
बच्चों ने भी दिए उन्हें पैसे और फिर वहाँ से भागे।

4

पक्षी

गौरैया

एक छोटी सी मासूम चिड़िया
जिसे हम कहते हैं गौरैया ।

छोटी सी चोंच से दाना खाती,
पास जाओ तो वह डर जाती ।

चीं-चीं करके यहाँ-वहाँ फुदकती
कभी खिड़की पर तो कभी घास पर बैठती ।

गौरैया अब कहीं दिखाई नहीं देती
हमारी आँखें सदा उसे ही ढूँढती ।

मोर

मोर हमारा राष्ट्रीय पक्षी, है निराली इसकी शान

है सबका प्रिय मोर, बढ़ाए यह देश का मान ।

मोर की सुन्दरता सर्वविदित है, कैसे वर्णन इसका करें

मुकुट - सम सिर पर कलगी जो सोहे, उसे देखकर मन न भरे ।

पंख इसके बहुत ही सुंदर, रंग-बिरंगे हैं अदभुत

वर्षा आने पर यह नाचे, पंख फैलाए होकर मुदित ।

नाच देख कर मोर का, दुखी व्यक्ति भी हो जाए आनन्दित

चारों ओर हो खुशी का वातावरण, सब हो जाएँ अति उल्लसित।

कोयल

कोयल करती है कू-कू-कू

आवाज़ है इसकी बहुत मधुर ।

रंग है इसका काला लेकिन सबका मन ये मोह लेती

चलता राही भी रूक जाए, सुनकर इसकी मीठी बोली ।

मानव भी रंग-भेद भूलकर, यदि दे गुणों पर ध्यान

जन-मानस भी करे उन्नति, हो देश का कल्याण ।

5

मेहनतकश लोग

किसान

अहर्निश मेहनत करता है, जो वही तो है किसान
बिना स्वार्थ के खटता है जो, वही तो है किसान।

पौ फटते ही घर से निकलता, सर्दी, गर्मी हो या बारिश
पसीना दिन-भर बहाता है वो, रोक सके न उसको तपिश।

बीज बोता, पानी देता, खेतों का वो प्रहरी बनता,
हर संभव कोशिश वो करता, फसल तभी तो है वो पाता।

फसल पकने पर वो उसको, मंडी तक लेकर आता है,
मंडी से बाजार में, फिर घर-घर तक पहुँचाता है।

हम सबका पेट वो भरता, बच्चा, बूढ़ा हो या जवान,
हम सब उसे करें सलाम, जय किसान, जय किसान।

बाज़ीगर

बाजीगर परिवार सहित और जगह-जगह घूमकर
है दिखाता वो करतब, खुला मैदान या हो सड़क ।

चार बाँसों के सहारे, एक रस्सी को बाँधकर
छोटी सी लड़की चलती, उस पर अपना संतुलन बनाकर ।

पत्नी उसकी ढोल बजाती, बच्चा करता कलाबाजियाँ
उसकी नज़र लड़की पर रहती, बच्चे सब बजाते तालियाँ |

पेट की खातिर मानव को क्या-क्या करना पड़ता है।
कड़ी धूप में या सर्दी में, चलते रहना पड़ता है ।

यही सार है जीवन का, जीवन यदि है जीना
फूँक - फूँककर, संतुलन बनाकर, करो मुसीबतों का सामना ।

आम इंसान

मैं वो ख़्वाब हूँ, जिसे किसी आँख ने देखा ही नहीं

मैं वो राह हूँ, जिस पर कोई राही चला ही नहीं ।

मैं वो सूरत हूँ, जिसे किसी ने सराहा ही नहीं

मैं वो मूरत हूँ, जिसे मूर्तिकार ने तराशा ही नहीं ।

मैं वो नसीब हूँ, जिसे ख़ुदा ने सँवारा ही नहीं

मैं वो आस हूँ, जिसे किसी अपने ने पूरा किया ही नहीं ।

मैं वो काग़ज़ हूँ, जिस पर किसी कवि ने लिखा ही नहीं

मैं वो कलम हूँ, जिसे किसी लेखक ने छुआ ही नहीं ।

मैं वो किताब हूँ, जिसे किसी शख़्स ने पढ़ा ही नहीं

मैं वो श्रृंगार हूँ, जिससे कोई युवती सजी ही नहीं ।

मैं वो पत्ता हूँ, जो किसी पेड़ पर लगा ही नहीं

मैं वो भूख हूँ, जिसे किसी अमीर ने भोजन दिया ही नहीं ।

मैं वो आँसू हूँ, जिसे किसी हमदर्द ने पोंछा ही नहीं

मैं वो हँसी हूँ, जिसके साथ कोई हँसा ही नहीं ।

मैं वो खालीपन हूँ, जिसे किसी मित्र ने भरा ही नहीं

मैं वो उदासी हूँ जिसे किसी साथी ने दूर किया ही नहीं ।

मैं वो जीवन हूँ, जिसे किसी ने पूर्णता दी ही नहीं

मैं वो भविष्य हूँ, जिसे किसी नेता ने महत्व दिया ही नहीं ।

मैं वो बेटी हूँ, जिसे किसी ने बचाया ही नहीं

मैं वो बचपन हूँ, जिसे किसी ने दुलारा ही नहीं ।

मैं वो आवाज़ हूँ, जिसे किसी ने सुना ही नहीं

मैं वो दर्द हूँ, जिसे किसी ने दवा दी ही नहीं ।

मैं वो संगीत हूँ, जिसे सुनकर कोई झूमा ही नहीं

मैं वो खामोशी हूँ, जिसे किसी ने महसूस किया ही नहीं ।

मैंने चाहा था, मुझे भी मिले हर अधिकार

मैं वो चाहत हूँ, जिसे किसी ने समझा ही नहीं ।

6

मेरा देश

मेरा देश

देश हमारा कितना प्यारा, कितना प्यारा, कितना न्यारा
सबसे अच्छा देश हमारा, कहता है संसार ये सारा ।

पर्वत, नदियाँ और हिमालय से इसकी है सुंदरता,
हर कोई इनको निहारे, इनका ही वर्णन करता ।

वेद, उपनिषदों और पुराणों से, गर्वित है भारत
वीर, वीरांगनाओं की शौर्य गाथाओं से, चर्चित है भारत ।

कश्मीर धरती पर स्वर्ग है, ये माने दुनिया सारी,
कोई इसे छीन न पाए, है यह शपथ हमारी ।

जड़ी-बूटियों, औषधियों से, हमारा भारत है सम्पन्न,

आयुर्वेद ने किया करिश्मा, योग सुधारे तन और मन।

हर धर्म के लोग यहाँ, मिल-जुलकर सब रहते हैं,

एकता इनकी कोई तोड़ न पाए, हम दावे से ये कहते हैं ।

भारत पर्यटकों को आकर्षित करता, सदा ही अपनी ओर,

व्यंजन भारत के बहुत प्रसिद्ध, त्योहार भी खींचे अपनी ओर ।

हमारी सभ्यता और संस्कृति, लुभाती है सबको

मेहमान नवाज़ी भारत की, हर्षाती है सबको ।

खेलों में भी इतिहास रचा, भारत ने अनेकों बार

हम किसी से कम नहीं, ये दिखलाया बारम्बार ।

ऐतिहासिक इमारतों और भवनों ने दुनिया में नाम कमाया

इसका कोई नहीं है सानी, ये दुनिया को दिखलाया

भारत की शान निराली है, हमें गर्व है इस पर,

भारत का तो कहना ही क्या, हम मर मिट जाएँ जिस पर ।

अतिथि

जिसके आने की न हो कोई तिथि, वो अतिथि होता था पात्र सम्मान का
उसकी होती थी खातिरदारी, उसकी आवभगत था लक्ष्य मेज़बान का ।

अतिथि की रुचि का बनता था भोजन, बड़े चाव से खिलाया जाता था
गर्मी की छुट्टियों में अतिथि को, अपने घर आने का न्योता दिया जाता
था।

अतिथि का सत्कार करना, मानों देवता की पूजा करना था
अतिथि देवता के समान, पूजनीय माना जाता था ।

परन्तु आजकल किसी के पास नहीं है समय, सेवा करने को अतिथि
की
जहाँ तक हो सके, कोशिश की जाती है, उसे टालने की ।

अतिथि के आने को सिरदर्द माना जाता है
घर का पूरा बजट डाँवाडोल हो जाता है।

मॉल में घुमाना, सिनेमा दिखाना, रेस्तराँ में ले जाना, खरीदारी कराना
आज के बच्चे भी नहीं चाहते, किसी सम्बन्धी के घर जाना ।

उन्हें भाता है किसी पर्वतीय स्थल पर छुट्टियाँ बिताना
या विदेश में जाकर, छुट्टियों का आनंद उठाना ।

फिर अपने मित्रों के सामने, उसका बखान करना
विदेश भ्रमण के खट्टे-मीठे अनुभव, सबके साथ साझा करना ।

विदेश यात्रा तो स्टैंडर्ड का बन गया है पर्याय
हर कोई चाहता है, एक बार तो विदेश घूमकर आए।

अतिथि स्वागत का चलन तो, कहीं लुप्त हो गया है।
अपना व अपने परिवार का मनोरंजन, प्रमुख हो गया है।

भारतीय संस्कृति की 'अतिथि देवो भव' की मान्यता
आज भी हमारे समाज में, है कहीं न कहीं जिंदा ।

भारत-माता

भारत माता है देश की शान, है देश की जान
इसकी रक्षा करने को कर दें हम अर्पित अपने प्राण ।

माता का स्थान है, स्वर्ग से ऊँचा, उसका आदर करें सब
भारत की धरती पर पैदा हुए, पले और बढ़े हुए सब ।

रूढ़िवादिता, अन्धविश्वास और गलत परम्पराओं को दूर करें
बेटी को लेने दें जन्म और नारी का सम्मान करें।

पोंगा पंडितों, बाबाओं के, न जाएँ कभी पास
शिक्षा को दें बढ़ावा, लोगों के मन में जगाएँ, आगे बढ़ने की आस ।

बढ़ाएँ भारत माता के गौरव को हम अपने सत्कर्मों से
करें दूर जातिगत भेदभाव को, बचें पापकर्मों से ।

पिछड़े, दलित, गरीबों को करें अग्रसर उन्नति की ओर
सम्पूर्ण प्राणी-जगत को बाँधती, ममता, स्नेह की डोर ।

विश्व में देश का बढ़ाएँ सम्मान, देश बढ़े सदा ही आगे

लोग भारत की सभ्यता-संस्कृति को करें नमन, कुछ सीखने को पीछे भागें ।

महापुरूषों ने अपने आचरण से बढ़ाया देश का मान सदा

भारत माता वंदनीय है, यह दुनिया को जतलाया सदा ।

भारत माता की जय के, केवल नारे न लगाएँ

इसकी महिमा है अतुलनीय, यह साबित करके दिखाएँ ।

देश का गौरव

अंधेरों को करके दूर हम सर्वत्र प्रकाश फैलाएँगे

अनीति को मिटा करके, नैतिकता हम लाएँगे ।

झूठ को झुठला करके सत्य की रोशनी फैलाएँगे

अधर्म का करके नाश हम धर्म की जोत जगाएँगे ।

अज्ञान को करके दूर, सबको ज्ञान का पाठ पढ़ाएँगे

भ्रष्टाचार को हटाकर हम सबको चरित्रवान बनाएँगे ।

आतंक का करके खातमा, सुदृढ़ राष्ट्र बनाएँगे

भय का माहौल करके खत्म, नवनिर्माण कराएँगे ।

अशिक्षा को करके दूर, शिक्षा की राह दिखाएँगे

नारी को सबला बनाकर उन्नति की ओर हम जाएँगे ।

अत्याचारी को सबक सिखाकर देश का मान बढ़ाएँगे

निर्धन का न होगा शोषण, आर्थिक रूप से सक्षम बनाएँगे ।

बेरोज़गारों को देकर रोज़गार, हताशा से हम बचाएँगे

जात-पात का भेद मिटाकर सबको साथ में लाएँगे ।

वृद्धों की हम सेवा करके, हँसी उनके चेहरे पर लाएँगे

कृषकों को नई तकनीक सिखाकर देश को समृद्ध बनाएँगे ।

अपने पूर्वजों के ज्ञान को विदेशों तक पहुँचाएँगे

अपनी संस्कृति की रक्षा हेतु हर संभव प्रयत्न कर जाएँगे ।

7

प्रेरक भविष्य निर्माता

शिक्षक

शिक्षक ज्ञान- पुंज है और है प्रकाश किरण

मार्गदर्शक, ज्ञानप्रदायक, सर्वगुण सम्पन्न ।

अपने ज्ञान से सबको करे वो लाभान्वित

प्रेरणादायक, निर्मल हृदय और गरिमा मंडित ।

करे प्रकाशित, शिष्यों की राह को

जागृत करे, उनके विवेक को ।

लक्ष्य की ओर, करे अग्रसर उन्हें

तम दूर करें, विद्युत-सा चमकाए उन्हें ।

मन के संशयों को दूर करने का गुर सिखाए

समाधान ढूँढने की क्षमता व आत्मविश्वास जगाए ।

शिष्य उनके लिए, अपनी संतान के समान

उसे सर्वस्व देकर महसूस करे, वो इसमें मान ।

अपने से आगे बढ़ते देख, हर शिष्य को

उसे लगे वो धन्य हुआ, सफल बनाकर उनके जीवन को ।

बिन माँगे अपना, सब ज्ञान देकर

गौरवान्वित हो, उन्हें आकाश छूता देखकर।

शिक्षक को, हम नमन करें और याद करें

जीवन के हर पड़ाव पर उनका धन्यवाद करें।

नारी

नारी जन्मदात्री और है ममता की मूरत

नारी सृष्टि का गौरव और है सबसे खूबसूरत ।

नारी घर का सम्मान है नारी से घर की शोभा

बिन नारी घर, घर नहीं, न कोई उस सा होगा ।

सुघड़, सुचालक और पालक है वो गृह-निर्माता

शिक्षक, रक्षक, गृहलक्ष्मी और है वो परिचारिका ।

हर रूप में है वो श्रेष्ठ, बहन, बेटी, माँ या भाभी

निभाती हर जिम्मेदारी को हालात से, कभी न घबराती ।

घर की है वो धुरी, सब देखें उसकी ओर

परिवार में सब उसे ऐसे चाहें, जैसे चंदा को चकोर ।

वक्त आने पर, दुर्गा वह है बन जाती

परिवार के लिए अहम है वो, जैसे दीपक में बाती ।

चाहे कैसी भी हो परिस्थिति, वो न कभी डगमगाती

हर मुश्किल का करे सामना, परिवार की ढाल वो बन जाती

अपने कार्यक्षेत्र में भी वह स्वयं को सिद्ध कर दिखाती

उसका लोहा मानें सब मालिक, मित्र या सहकर्मी ।

है इतिहास गवाह, नारी की उपलब्धियों का

होममेकर वो कहलाए क्या कहना इन हस्तियों का ।

जिस घर में न होता, नारी का उचित आदर

वहाँ होते निष्फल सभी कार्य, चाहे करें प्रयत्न भरसक ।

हर नारी को यदि, अधिकार मिले, समानता का

कदम से कदम मिलाकर चले, चूमेगी चरण सफलता का ।

कर्मवीर

मुसीबतों को हराकर आगे बढ़े जो, वो है कर्मवीर

प्राकृतिक आपदाओं से जूझकर, करें रक्षा सबकी, वो है कर्मवीर ।

कर्मवीर अपने कार्यक्षेत्र में, रहें सदा आगे

प्रत्येक परिस्थिति से निकलें बाहर, डरकर न वो भागें ।

जब कोई भी साथ न हो, कर्मवीर ही आगे बढ़कर थामे हाथ

वो हमें हर आफत से बचाए, दे सदा हमारा साथ ।

जीवन के हर क्षेत्र में बनो तुम कर्मवीर, आगे बढ़ते चले जाओ

सुख-दुख का चोली-दामन का है साथ, तुम कर्म करते जाओ।

सुख के बाद दुख और दुख के बाद सुख, ये है तय

जीवन रूपी पहेली को सुलझाते जाओ और बनो निर्भय ।

लाल बहादुर शास्त्री

लाल बहादुर, नाटे कद का, था वो सीधा-सादा

'गुदड़ी का लाल', साधारण उसका था पहनावा ।

निर्धनता में वह पला बढ़ा

जीवन था उसका संघर्ष भरा ।

उसकी मेहनत व ईमानदारी की साख ने

उसे बढ़ाया आगे राजनीति के मैदान में ।

वह बना प्रधानमंत्री, किए बहुत अच्छे काम

उसके कामों की वजह से हुआ दुनिया में उसका नाम ।

लोभ से था दूर, किसानों का वह रहनुमा

सबका दुख-दर्द समझता था, हम भी बने उसके समान ।

8

मनोभाव

स्वच्छता

स्वच्छता विचार है, भाव है और है पवित्रता
स्वच्छता ही जीवन है, शुद्धता और है निर्मलता ।

जहाँ निर्मल मन, निर्मल हृदय, निर्मल अंतरात्मा
निर्मल तन, निर्मल जीवन, वहीं बसे परमात्मा ।

स्वच्छ हो वातावरण, स्वच्छ हो रिश्तों का बंधन
मलिनता सबसे दूर रहे, संसार बने यह नवनूतन ।

स्वच्छता के प्रत्यक्ष तो, न टिक सके कोई कहीं
निर्मल चित्त को पहचान ही लेते, पशु हो या फिर पक्षी ।

जल की निर्मल धारा भी है स्वच्छता का प्रतीक

जल की पारदर्शिता है दिखाती, हमें हमारा ही प्रतिबिम्ब ।

स्वयं के साथ-साथ, दूसरों के मन को भी जान लें यदि

विश्व बने भाईचारे की मिसाल, युद्ध कहीं कोई न हो कभी।

विश्वास

विश्वास है सभी रिश्तों का आधार

विश्वास पर ही टिके है सभी व्यापार ।

विश्वास बच्चे का माँ पर

पक्षी का पंखों पर

माता-पिता का बच्चों पर

जनता का नेता पर

मित्र का मित्रता पर

शिष्य का शिक्षक पर

मरीज का डॉक्टर पर

पति-पत्नी का एक दूसरे पर

खिलाड़ी का खेल पर

इमारत का नींव पर

इंसान का इंसानियत पर

भक्त का भगवान पर

किसान का वर्षा पर

याचक का दाता पर

दुनिया के सारे काज तो चलते हैं, विश्वास पर

कभी किसी का विश्वास न तोड़ें, न लगाएँ इसे दाँव पर ।

विश्वास की अहम भूमिका है, हमारे जीवन में

विश्वास है तो सब कुछ है,

विश्वास नहीं तो क्या रखा है पूजन में ?

घने अंधकार में दीपक की लौ जगाए, मन में आशा की किरण

विश्वास की मज़बूत डोर सूने जीवन को कर देती रोशन ।

खामोशी

खामोशी में निहित है

बहुत सी अनकही अनसुलझी बातें

जिन्हें बयाँ करना न था मुमकिन

हम जिनका हल ढूँढ़ते रहे

अक्सर ऐसा होता है कि

हम कहना चाहते हैं बहुत कुछ

करना चाहते हैं बहुत कुछ

लेकिन हालात हमें ऐसा करने नहीं देते

कुछ कहने नहीं देते

हम खामोश रहकर देखते हैं सब

हम समझते हैं सब

आखिर ऐसा क्यों होता है ?

हमने सुना है कि

अभिव्यक्ति हमारा मौलिक अधिकार है।

क्या अपना अधिकार भी हम पा नहीं सकते ?

जब इंसान की यह हालत है तो

मूक प्राणियों की क्या है बिसात ?

कम-से-कम उन्हें ये तसल्ली तो है कि

भगवान ने उन्हें जुबां नहीं दी

जुनून

किसी प्राप्य को पाने की ललक, कहलाती है जुनून

जुनून है दृढ़निश्चय का नाम देता है ये सुकून ।

यदि मनुष्य ठान ले कि उसे अपने लक्ष्य को है पाना

उसके लिए है मुमकिन, कुछ भी कर गुज़र जाना ।

मनुष्य अपने जीवन में, कई बार फँस जाता है, ऐसी परिस्थिति में

स्वयं को वह देता है झोंक, समय की भट्टी में ।

मैंने भी अपने जीवन में, बुरे समय को देखा है

बहुत कुछ सहा है, बहुत कुछ झेला है।

ज़ुल्म तो बेगानों ने, बहुत किए मुझ पर

मेरे अपनों ने भी दिया दर्द, सितम किए मुझ पर।

मैंने किया बहुत संघर्ष और की बहुत मेहनत

दिन-रात एक कर दिया, अपने बच्चे को कुछ बनाना था मेरा मकसद।

मैंने दुख झेले, रोई, पर किसी के सामने नहीं गिड़गिड़ाई

अच्छी जॉब की तलाश में बुरे वक्त ने मुझे बहुत भाग-दौड़ कराई ।

पर किसी के सामने नहीं झुकी, सदा कोशिश में लगी रही

मेरी कोशिश रंग लाई और पा गई एक अच्छी नौकरी।

अपने कार्यक्षेत्र में, मैंने कर्मठता से बनाया अपना नाम

ईमानदारी से किया कार्य और साध लिया हर काम ।

मनुष्य यदि ईमानदारी व मेहनत से करे प्रयास

पा जाता है वह लक्ष्य और पहुँच जाता है सफलता के पास ।

अमीरी

अपार धन है पैमाना अमीरी का
बड़ा बंगला, बड़ी-बड़ी कारों का ।

आधुनिक सुख-सुविधाओं का
मूल्यवान वस्त्रों और कीमती साजो-सामान का ।

ऐशो आराम से भरी ज़िंदगी जीने का
अपनी हुकूमत बनाए रखने के लिए, दूसरों का शोषण करने का |

कदमों तले किसी को भी रौंदने का
ताकत के बल पर अन्याय करने का।

वास्तव में अमीरी का तात्पर्य धन-दौलत नहीं
बल्कि है अपने अच्छे आचरण का ।

अमीरी संस्कारों की अमीरी इंसानियत की
अमीरी मददगार की अमीरी अच्छे स्वभाव की ।

अमीरी सुविचारों की, अमीरी ईमानदारी की

अमीरी स्वच्छता की, अमीरी भाईचारे की ।

अमीरी सच्चरित्रता की, अमीरी सदाचारी की

अमीरी अत्याचारी न बनने की, अमीरी दूसरों के दुख-दर्द बाँटने की ।

अमीरी देशभक्ति की अमीरी देशसेवा की ।

दोस्ती

दोस्ती शब्द अहसास दिलाता है दो मित्रों के प्यार का
आपसी समझ, स्नेह, विश्वास और सुख-दुख में साथ का ।

एक दूसरे से कुछ न छिपाएँ, हर बात करें वो साझा
हँसे- बतियाएँ, घूमे फिरें, साथ निभाने का करें वादा।

आपस में विचार-विमर्श करें और बुरे वक्त में करें मदद
चाहें हमारे आसपास रहें या फिर अपने परिवार में मग्न ।

दोस्ती में अमीर-गरीब का नहीं होता भेद-भाव
श्रीकृष्ण और सुदामा की दोस्ती है इसकी मिसाल ।

छोटे बच्चे भी करें दोस्ती, झगड़े रूठे और फिर मान जाएँ
बच्चों की तरह सच्चाई और प्रेम से हम सब भी दोस्ती निभाएँ।

काश ! मेरे भी पंख होते

काश मेरे भी पंख होते.......

खुले आकाश में स्वच्छंद करती मैं विचरण

कभी यहाँ, कभी वहाँ, भरती मैं उड़ान

कभी पेड़ की डाली पर, कभी छत की दीवार पर

कभी हरी घास पर, कभी घर के आँगन में

कभी घर के भीतर, कभी पंखे पर

कभी रस्सी पर कभी चौखट पर

कभी अकेले, कभी साथियों के साथ

स्वेच्छा से मैं उड़ती ही जाती

कितना सुखद लगता है, ये सब सोचकर

लेकिन यह वो स्वप्न है, जो कभी न होगा पूरा

अपनी इस काल्पनिक इच्छा का, स्वप्न मन में पूरा करके

कुछ पल के लिए तो, मैं हो जाती हूँ खुश

इस क्षणिक प्रसन्नता को पाकर, सपनों में जीकर

वरना इस दिखावे की दुनिया में प्रफुल्लित होना

है कितना कठिन कितना मुश्किल

कितना अकल्पनीय, कितना बनावटी

संजीवनी

संजीवनी, जीवन देने वाली है बूटी

इसी बूटी से हनुमान ने बचाया लक्ष्मण को

आज तो किसी अपने के दो मीठे बोल भी

नहीं मिलते हैं सुनने को

मीठे बोल मृतप्राय व्यक्ति को दे

सकते हैं नवजीवन

कठिन परिस्थिति से उबार सकते

जीने की इच्छा को जागृत कर सकते

कुछ करने के लिए प्रेरित कर सकते

जीवनदायी बन सकते, संजीवनी की तरह

संजीवनी करती शरीर में प्राणों का संचार

अपनापन और साथ माँगे, ये सारा संसार

विजय गीत

मुझे कोई रोक न पाएगा, मैं आगे कदम बढ़ाऊँगा

दुखों के सागर से उबरकर मैं तो बाहर आऊँगा ।

उफनती लहरों से निकलकर, मैं लक्ष्य को पाऊँगा

राह में लाख रूकावटें आएँ, उस राह को निर्विघ्न बनाऊँगा ।

कंकरीटों से भरे रास्ते पर, मैं कभी न डगमगाऊँगा

आगे बढ़ना मेरा लक्ष्य, हर कोशिश कर जाऊँगा ।

मुझे कोई रोक न पाएगा, मैं आगे कदम बढ़ाऊँगा

जीवन के मूल्यों को सहेजकर, आदर्श बनकर दिखाऊँगा ।

हतोत्साहित करने वालों को, खुद से दूर भगाऊँगा

संघर्ष भरे जीवन का करके सामना, विजय गीत मैं गाऊँगा ।

हर पल मुसीबतों से जीतकर जीवन सफल बनाऊँगा

हिम्मत की ताकत को दिखाकर, जीत का स्वर दोहराऊँगा ।

आशा के दीपक को लेकर नई राह मैं दिखाऊँगा

मुझे कोई रोक न पाएगा, मैं आगे कदम बढ़ाऊँगा ।

मन

चेहरा है मन का आईना, मन की बात वह बता देता

मन के अंदर चल रही उथल-पुथल को, चेहरे पर दिखला देता ।

लेकिन आज के युग में, यह बात नहीं उतरती खरी

दो-दो चेहरे लेकर घूमते हैं सब बात है सत्य यही ।

किसी से मिलकर चेहरे पर मुस्कुराहट व अपनापन दिखता है सबके

जबकि मन में उसी व्यक्ति के प्रति, है द्वेषभाव उनके ।

मन के भावों को छिपाने में हैं सब चालाक

चेहरे पर नकली भाव दिखाने में, कोई नहीं है उनके समान ।

किसी दुविधा में पड़ जाने पर, यदि हम सुनते हैं मन की

विषम परिस्थिति से उबरकर, हर बात है बन जाती ।

किसी कठिन कार्य को करने में, मन की सहमति है आवश्यक

मन से जीत मान लेने पर है जीत और मन से हार मान लेने पर है
शिकस्त

बाल सुलभ खेल

बच्चों की रेल

बच्चों की बनी रेलगाड़ी

कितनी सुंदर, कितनी प्यारी ।

मोटा गोलू बना है इंजन

उसके पीछे चुन्नु, मुन्नु और है रंजन ।

माला, सोनू, रमा बने हैं डिब्बे

रेल बनाकर बच्चे खुश हैं कितने

पूरी रफ्तार से रेल चली,

छुक- छुक- छुक- छुक- छुक- छुक- छुक-

कू- ऊ- ऊ- ऊ- ऊ- ऊ- ऊ- ऊ- ।

अंकल व आंटी घूम रहे थे

क्रिकेट कुछ बच्चे खेल रहे थे

कुछ बच्चे लगा रहे थे दौड़

इंजन बोला आओ सब आओ

रेल को और भी बड़ा बनाओ ।

बहुत ही मज़ेदार है सफर रेल का

सबके हँसने और सबके मेल का ।

खेल का मैदान

खेल के मैदान में, कितने खुश हैं बच्चे

इन सबका चेहरा तो देखो, लगते कितने अच्छे ।

 कोई खेले गेंद से, तो कोई झूला झूले

कुछ हैं बन जाते क्रिकेटर, कोई रस्सा कूदे।

 कोई रेत में घर बनाए, कोई उसे फूलों से सजाए

कोई मस्ती में गीत गाए, कोई रूठकर खड़ा हो जाए ।

कोई मैदान में दौड़ लगाए, कोई हँसते-हँसते गिर जाए

कोई तो साइकिल चलाए, कोई घर से लूडो लाए।

कोई है घूमे गोल-गोल, कोई किसी को दे दे धक्का

कोई चलाए अपना स्कूटर, कोई खड़ा है हक्का-बक्का।

खेलने में इतने व्यस्त हैं, समय का न चले पता

माएँ सबकी आईं लेने, करते सब कल आने का वादा ।

पतंग

उड़ी, उड़ी, उड़ी, उड़ी, मेरी पतंग

काट सके न कोई, मेरी पतंग

कभी इधर, कभी उधर उड़े, मेरी पतंग

आसमान में लहराए, देखो मेरी पतंग

रंग-बिरंगी, बहुत ही सुन्दर, मेरी पतंग

हवा के संग-संग झूमे, मेरी पतंग

नभ में चारों ओर दिखें, अनेक पतंगें

पर मेरे जैसी न होगी, कोई पतंग

कला है एक, उड़ाना पतंग

सबसे बचाकर, सब से हटाकर

सुरक्षित रखूँ मैं, मेरी पतंग

डोरी से बँधी और उससे जुड़ी

अपने जलवे दिखाए, मेरी पतंग

संक्रान्ति और स्वतन्त्रता दिवस पर

बल खाकर, उड़ती जाए मेरी पतंग

ऊँचा उड़ना ही है, स्वभाव पतंग का

सदा उड़ती ही जाए, मेरी पतंग

10

देशव्यापक बुराइयाँ

गरीबी

गरीबी एक अभिशाप है, ये जानते हैं सब

गरीबी हटाओ, गरीब नहीं, ये मानते हैं कब ।

दुर्बल, अधनंगे बच्चे, भूख से बिलखते बच्चे,

कूड़े के ढेर पर फेंके गए, भोजन को खाते बच्चे।

भीख माँगते, कूड़ा बीनते, वाहनों के पीछे भागते बच्चे,

फुटपाथ पर, सड़क पर, कुछ पाने की लालसा में बैठे बच्चे।

सड़क पर भीख माँगती औरतों को, बुरी नजर से देखते हैं सब

उनकी मदद करने को कोई नहीं राज़ी, ये जानते हैं हम।

गरीब नर, नारी, बच्चे, बूढ़े सब है बहुत परेशान

गरीबों की यही गरीबी, कुछ लोगों के लिए बन जाती वरदान।

पैसों के लोभी, सुदूर इलाकों से लाते हैं, बच्चे-बच्चियाँ,

माँ-बाप को थोड़े पैसे देकर, बच्चियों से बसाते हैं देह-व्यापार की मंडियाँ।

छोटे बच्चों के अंग-भंग करके भीख ये मँगवाते हैं।

इन बच्चों को अधपेट खिलाकर, दुष्कर्म ये करवाते हैं।

केवल पैसा कमाना ही इनका ध्येय है, उसके लिए करना पड़े कुछ भी,

बुरे से बुरा काम ये करते हैं, नहीं लजाते बिल्कुल भी।

केवल कुछ लोगों के प्रयास से, नहीं होता है परिवर्तन

हम सब भी सहयोग करें, दुष्टों को सबक सिखाने का, करें जतन।

भ्रष्टाचार

भ्रष्टाचार ने की, खोखली देश की नींव

मिले जिसे भी मौका, करे वो देश को चीट ।

भ्रष्ट नेता, भ्रष्ट पुलिसकर्मी, भ्रष्ट है टैक्सी ड्राइवर

भ्रष्ट दुकानदार, भ्रष्ट प्रोफेसर, भ्रष्ट है डॉक्टर ।

भ्रष्ट व्यापारी, भ्रष्ट सरकारी कर्मचारी, भ्रष्ट है अध्यापक

भ्रष्ट सहकर्मी, भ्रष्ट बॉस, भ्रष्ट युवक, भ्रष्ट है ऑटोचालक ।

इस दुनिया में, भ्रष्टाचारियों की है भरमार

अच्छे लोगों की है, हमें बहुत दरकार ।

यदि प्रत्येक व्यक्ति कर ले, यह निश्चय

न करेगा, न सहेगा, वो किसी का अन्याय ।

किसी को अपराध करते देख, न रहेगा चुप

अपराधी को उसके अंजाम तक पहुँचाकर ही लेगा दम ।

भ्रष्टाचारी पर भारी है, हर चरित्रवान

वही बढ़ाए दुनिया में, देश की आन, बान, शान ।

भारत बनेगा फिर से, सोने की चिड़िया

गर्व से कहेंगे हम, आई लव माई इंडिया |

11

मनुष्योपयोगी आदतें

सत्संगति

अच्छे लोगों का साथ, कहलाए सत्संगति

संगति करे मानव का उत्थान, यही है नीति ।

सत्संगति विचारों व गुणों का, करे उद्धार

सुधारे स्वभाव, आचरण और व्यवहार ।

सत्संगति के कारण बुरे से बुरे व्यक्ति में भी हो जाए परिवर्तन

एक लुटेरा बन गया महर्षि और लिख डाली रामायण ।

कुख्यात डाकू अंगुलिमाल का हुआ रूपांतरण, उसे मिला महात्मा बुद्ध का साथ

आमूलचूल बदलाव कर दिया उसमें, सत्संगति की क्या है बात ?

सत्संगति जीवन को ले जाए उन्नति की ओर

इसे न बदल सके कोई, चाहे लगा ले जितना भी जोर ।

हे मानव ! यदि चाहे तू अपने जीवन को बनाना बेहतर

अपने आसपास बुरे लोगों को न फटकने दे, ये काम तू ज़रूर कर ।

कर्म

जीवन के साथ-साथ चलते हैं, हमारे कर्म
कर्म हैं तो जीवन है और जीवन है तो हैं कर्म ।

सतत कार्यशीलता ही आगे बढ़ाती जीवन को
हमारे कर्म ही करते हैं निर्धारित, हमारे जीवन को ।

भाग्य भरोसे रहकर, नहीं चलता है जीवन
कर्म करता चल मानव सँवर जाएगा जीवन ।

जीवन में आगे बढ़ते हुए कर्मों पर देना तू ध्यान
सुकर्म तू करता चल, बाकी चीज़ों पर न दे, तू ध्यान ।

अच्छे कर्मों के फलस्वरूप ही, तू और तेरा परिवार होगा समृद्ध
कर्म व भाग्य सदा रहते अग्रणी, हम पाते कर्मों का फल ।

जीवन के उतार-चढ़ाव का धैर्य से तू कर सामना
ज़िम्मेदारियाँ सभी निभाता चल, होंगी खुशियाँ तेरी, ये तू मानना ।

कर्म से विहीन जीवन, बना देता है दयनीय
मानव ऐसा मत बनना तू, बना जीवन को सराहनीय ।

कर तू ऐसे कर्म कि दुनिया दे तेरी मिसाल
सबके लिए बन तू आदर्श, कर दिखा ये कमाल ।

12

आवश्यकता ही आविष्कार की जननी है

मोबाइल फोन

हज़ारों मील दूर बैठे, अपनों से मेल कराए मोबाइल फोन

मोबाइल फोन न हो तो, हम बात करने को तरस जाएँ, रह जाएँ मौन।

पहले चिट्ठी द्वारा लोग अपनों से करते थे वार्तालाप

बहुत बेसब्री से फिर जवाब का करते थे इंतज़ार

फिर कम्प्यूटर पर वीडियो द्वारा बात हुई शुरु

सामने वाले का चेहरा, हम देखते थे रूबरू।

धीरे-धीरे मोबाइल फोन का हुआ आगमन

फिर तो जिंदगी ही बदल गई सबकी बातों का बढ़ा आवागमन।

अब तो मोबाइल फोन, अमीर-गरीब सबका है खिलौना

छोटे-बड़े हर किसी का है इससे दोस्ताना ।

लेकिन इस फोन ने सबका किया बुरा हाल

फोन से ऐसे चिपक गए सब कि क्या कहें जनाब ।

सामाजिक जीवन को सबने कर दिया परे

व्हॉट्स अप और फेसबुक में हैं सब आँखें धरे ।

बच्चे इसमें खेलें गेम्स तरह-तरह के

घर में सबके होते हुए भी, कोई नहीं किसी के ।

सब रहते हैं फोन पर हमेशा बिजी

क्या गज़ब आविष्कार है ये, वाह जी !

13

जीवन

जीवन का लक्ष्य

जीवन में हर किसी का, अपना एक लक्ष्य होता है,
बढ़ आगे और बढ़ता जा, तू समय क्यों खोता है ।

लक्ष्य को निर्धारित कर, बना उसे अर्जुन की आँख
सामना कर मुश्किलों का, न मानना कभी तू हार ।

जीवन है संघर्ष भरा, है कठिनाई पग-पग पर
हिम्मत है तेरी ताकत, तू चलता जा हँस-हँस कर ।

व्यर्थ है रूदन करना, उससे नहीं है कुछ भी हासिल
कर्त्तव्य तेरा कोशिश करना, पा जाएगा तू मंज़िल ।

मंज़िल को तो है पाना, पर कुछ भी करना न गलत,
ऐसा कुछ तू कर गुज़र, सबके लिए बन जाए आदर्श ।

जीवन

मनुष्य जीवन की तीन अवस्थाएँ

बचपन, जवानी और बुढ़ापा

हर मनुष्य को पड़ता इनसे गुजरना, दादा-दादी या मम्मी पापा ।

सबसे अच्छा है बचपन, न चिंता, न लोभ और न द्वेष

हर कोई लगता है अपना कोई धर्म हो, कोई हो वेश ।

हँसना - खिलखिलाना, नाचना गाना हर बात पर मुस्कराना

लड़ना-झगड़ना, रूठना मनाना और मिलकर त्योहार मनाना ।

यौवन की दहलीज पर कदम रखते ही, गायब हो जाता भोलापन

न वो मासूमियत, न वो मित्रता, न रहता वो अपनापन ।

अपने सिवा कुछ नहीं भाता, 'अहं' भाव हावी हो जाता

केवल स्वयं को ही सही समझना, सारा संसार दुश्मन है लगता ।

किसी की सलाह, किसी का टोकना, बिल्कुल भी अच्छा न लगता

अपने को ही माने महत्वपूर्ण, दूजों का कुछ कहना भी खलता ।

लाए बुढ़ापा एकाकीपन, बीमारी और दर्द का गुबार

अंग सभी शिथिल हो जाएँ, किसी से बतियाने को बेकरार ।

मन चाहे, सब सुख-दुख बाँटें और सुने उसकी भी बात

उसे भी दें पहले सी महत्ता और चलें उसके भी साथ।

वो भी चहके और हँसे, घूमे-फिरे और बतियाए

उसकी ममता को सब समझें, उसे भी अपना समझा जाए।

जीवन की इस कटु सच्चाई को ये मनुष्य स्वीकारता कहाँ है ?

उसे लगता है, उसके साथ अच्छा ही होगा, वो दुनिया का दस्तूर जानता कहाँ है ?

जीवन के सत्य को जानें, समझें और इसे स्वीकार करें

हम जो बोएँगे, वो ही काटेंगे, इसे मानकर ही व्यवहार करें।

14

राजनीति

राजनीति

जनता चुनती है नेता, सौंपती उसे बागडोर देश की

नेता खेलें अपना खेल, उन्हें परवाह नहीं किसी की ।

विपक्षी नेता भड़काएँ जनता को पाने के लिए सत्ता

करें सियासी जंग, बनाकर व्यर्थ की बातों को वे मुद्दा ।

कभी करें वे गठबंधन और करें बड़ी-बड़ी बातें

फिर आपस में ही भिड़ जाएँ, देश नहीं कुछ उनके आगे ।

वर्तमान सरकार गिराने को करें आलोचना उनकी

हर भरसक प्रयास करें वो, पाने सत्ता की कुर्सी ।

नेता तो है वही जो ले जाए उन्नति की ओर देश को

खुशहाल और समृद्ध बनाए, सुख-सुविधाएँ दे सबको ।

अपहरण, चोरी, रिश्वतखोरी आदि बुराइयों को दूर करे

आतंकवाद का करे खात्मा, निडर होकर देश में सब रहें ।

सम्मान बढ़ाए तिरंगे का गर्व से कहें सब देशवासी

पैदा हुए हैं हम भारत में, हम हैं भारतवासी ।

15

पुस्तकों की महत्ता

पुस्तकें ज्ञान का हैं स्त्रोत, पुस्तकें हैं सबसे न्यारी

पुस्तकें शिक्षा का हैं आधार, पुस्तकों में है सब जानकारी ।

शिशु को अक्षर ज्ञान कराएँ, आगे बढ़ने की राह दिखाएँ

रंग-बिरंगे चित्रों द्वारा, शिशुओं को ये पुस्तकें लुभाएँ ।

कहानियों के माध्यम से, पुस्तकें दें नैतिक शिक्षा का ज्ञान

इतिहास का कराकर ये ज्ञान, बढ़ाएँ पूर्वजों का सम्मान ।

धार्मिक पुस्तकों द्वारा, अध्यात्म की शिक्षा हैं देतीं

आदर्श नागरिक बनने की सीख भी हमको देतीं।

व्यावहारिक शिक्षा का ज्ञान प्रदान कर जीवन जीने का राज़ बतातीं

करें देश को अग्रसर उन्नति की ओर, मानवता का पाठ पढ़ातीं ।

16

राष्ट्र प्रहरी

सैनिक

सैनिक रक्षा करें देश की, शत्रु को करें पराजित,
सीमा पर तैनात सिपाही, देश को सदा समर्पित ।

सैनिक कठिन परिस्थितियों में और दुर्गम स्थानों पर,
बंदूक ताने खड़े रहते, अडिग हमेशा देश की सरहद पर ।

दुश्मन का करते सामना, वे बड़ी बहादुरी से
मौत से न डरते कभी, घबराते न सर्दी, गर्मी, बर्फबारी से ।

अपने परिवार से दूर सैनिक, हमें सुरक्षित करने को
जान पर अपनी खेल जाते, शत्रु को सबक सिखाने को ।

सैनिक का परिवार भी साथ उनका देने का करता पूरा प्रयास,
सारी जिम्मेदारियाँ खुद निभाता, उन्हें न होने देता बिल्कुल अहसास।

शहीद

अपनी जान हथेली पर रखकर प्राण न्योछावर करने वाले कहलाते हैं शहीद
देश को सर्वोपरि मानकर अपनी जान लुटाने वाले कहलाते हैं शहीद।

देश का गौरव बढ़ाने वाले, सीमा प्रहरी, देते हैं अपनी जान
देश उनके लिए सबसे पहले, ये वो लेते हैं मान।

दुष्कर परिस्थितियों में भी डटे रहते सीमा पर
न खराब मौसम, न भयंकर सर्दी, न दुश्मन, हावी होता कभी उन पर।

बहादुरी, साहस और समर्पण भाव उनका हम हो जाएँ नतमस्तक
दुश्मन की अब आई शामत, खैर मनाएगा कब तक।

बदतर हालात में भी, रहते वे खुश सदा
सब मिलकर नाचें गाएँ, जब भी समय है मिलता।

अपने-अपने परिवार से दूर, रक्षा करें कर्मठता से
परिवार का पत्र पाकर, आँखें भर आएँ सहजता से।

हम भी अपना कर्त्तव्य निभाएँ, शहीदों के परिवारों की करें मदद

यथासंभव प्रयास करें और देश को करें सदा गर्वित

शहीदों को मेरा सलाम, हम सदा उन्हें रखें स्मरण

शहीद हैं हम सबसे ऊपर जय जवान, जय जवान ।

17

त्योहार

दिवाली

दीपों का त्योहार दिवाली

खुशियों की बहार दिवाली ।

असत्य पर सत्य की

जीत का पैगाम दिवाली ।

नारी के सम्मान और

भ्रातृ-प्रेम का पर्व दिवाली।

स्त्री के धैर्य और

विश्वास का आधार दिवाली ।

बुराई के दुष्परिणाम व
अच्छाई की जीत का प्रतीक दिवाली ।

भक्ति का अहसास दिवाली
मर्यादा का आदर्श दिवाली ।

हम भी सच्चरित्रता की सीख लेकर
उल्लास से मनाएँ हर दिवाली ।

आभा बंसल

18

अनमोल मोती (सुविचार)

विद्या है अमूल्य नहीं कोई इसका मोल

विद्या को खरीदना है नामुमकिन, सच हैं मेरे बोल ।

सत्य है ईश्वर-सम, सत्य को न चाहिए प्रमाण

सत्य की कीमत न लगाना, सत्य न्याय की जान ।

चरित्र को न कभी गिराना, मंज़िल पर आगे बढ़ते जाना

चरित्र में है जीवन की सार्थकता, जीवन अपना सफल बनाना ।

एक झूठ छिपाने को, मानव बोले झूठ हजार

ईश्वर है देखे सब, उससे न बच पाए कोई, करे प्रयास अपार ।

देशभक्ति है एक भावना, सम्मान करें इसका

देशभक्ति की आड़ में यदि किया अपराध, परिणाम भयंकर होगा उसका।

माता-पिता सर्वोच्च हैं, उनसे बढ़कर न कोई

उनकी सेवा करना मन से, सब कुछ हितकर होई ।

संतान को दें अच्छे संस्कार, वो हैं भविष्य-निर्माता

देश को ले जाएँगे आगे और बनेंगे आदर्श सबका ।

धर्म के नाम पर न ठगें किसी को धर्म है सबको साथ लाता

धर्म देश में लाए एकता, धर्म दानव को इंसान बनाता।

समय से कदम मिलाकर चले जो वो कभी किसी से न हारे

समय साथ देता उनका, जो समय को भी पछाड़ें।

तिरंगे का हम बढ़ाएँ गौरव, तिरंगा सदा लहराए शान से

तिरंगे को हम सब करें नमन, तिरंगा ऊँचा रहे मान से।

19

भगवान

भगवान आदि है, अनन्त है, सृष्टि के कण-कण में है समाया

ईश्वर की रचना है, ये संसार, उसने इसे, कितना अदभूत बनाया ।

प्रत्येक प्राणी एक-दूसरे से है भिन्न और कितनी है विविधता

हर दिल को आकर्षित कर लेती है, सर्वत्र फैली प्रकृति की सुंदरता ।

फूल, पत्ते, पेड़-पौधे, पर्वत और ये घाटियाँ

चाँद, सूरज, तारे, बादल, ईश्वर की हैं मेहरबानियाँ ।

आश्चर्य की है बात, कैसे, बच्चा माँ के गर्भ में रहे नौ महीने तक ?

वहीं पले बढ़े और विकसित हो, इस दुनिया में आने तक ।

भगवान ही है देता सबको, फल उसके कर्मों का

अच्छे-बुरे जैसे हों कर्म, परिणाम भुगतना होगा उनका ।

भगवान है निराकार, उसको देख पाना संभव नहीं

हमारे दिल में है रहता वो इस बात से इंकार नहीं ।

ऋषि, मुनि भी ईश्वर के विषय में, न जान पाए सब

उसका स्वरूप तो अकल्पनीय है, यह मान गए सब ।

ईश्वर अदृश्य है, पर उसके अस्तित्व को मानते हैं सब

सम्पूर्ण विश्व का है पालक, यह स्वीकारते हैं सब ।

ईश्वर की महिमा का करते हैं सब बखान

चाहे किसी भी धर्म के हों, झुककर करें प्रणाम ।

छोटा-बड़ा, अमीर-गरीब, सबका है वो मददगार

सभी सर झुकाते हैं उसके सामने है वो बहुत बड़ा कारसाज़ ।

न जाने, इतने बड़े संसार को, वह अकेला कैसे चलाता है ?

सबकी डोर है उसके हाथ में, सब कुछ वह बखूबी निभाता है।

मन की आँखों से, उसे हम जान सकते हैं

उसे छू नहीं सकते, पर मन से महसूस कर सकते हैं ।

भगवान से कुछ भी छिपा नहीं है, निराकार है, पर देखता है सब

इस बात का रखें सदा ध्यान और न करें कभी बुरे काम ।

शतरंज

शतरंज के मोहरों की तरह है हमारा जीवन, सच है ये बात
शतरंज के खेल में मोहरे गिरते, आगे बढ़ते और खाते मात ।

एक मोहरा दूसरे को गिराकर, चलता आगे
कभी एक हारता, कभी दूसरा, आगे-पीछे वो भागे ।

जीवन के उतार-चढ़ाव में, हम परिस्थिति का सामना करते ऐसे ही
आगे बढ़ने की होड़ में, दूसरे के सिर पर पैर रखकर बढ़ते सभी ।

कभी कोई आगे, कभी कोई पीछे, कभी जाते हार
कोशिश में लगे रहते, सोचते उपाय, कैसे जाएँ इसके पार ?

जीवन में आने वाली मुसीबतों से, न डरें कभी
जीवन कोई खेल नहीं है, मान लें ये सभी ।

डटकर करें हम परेशानियों का सामना
एक दिन जीत जाएँगे हम, मन में रखें, सच्ची भावना ।

कहानी कुर्सी की

कुर्सी है देती सबको आराम, बच्चे करें उस पर धमाल

बैठ सब उस पर खुश हो जाते, अहसास दिलाती है कमाल ।

राजनीति में कुर्सी का है, महत्त्व अत्यधिक

उसे पाने हेतु नेता करें, ताक धिना धिन, ताक धिना धिन ।

कुर्सी के मोह में खेलें नेता, राजनीति का घटिया खेल

आरोप-प्रत्यारोप में रहें व्यस्त, देश का न कोई सोचे कल ।

धन कमाने की लालसा, खींचे उन्हें कुर्सी की ओर

देश का भविष्य लगाएँ दाँव पर, देखे न कोई जनता की ओर।

प्रलोभन देकर जनता को लूटें, गलत कामों में होते लिप्त

दावेदार योग्य हो या अयोग्य, स्वयं को करें महान साबित |

अपने विवेक का करके सही इस्तेमाल

नेता चुनें उसे, जो देश का रखे पूरा ख्याल ।

22

बचपन

धूल-मिट्टी में खेल- कूदकर, बचपन हुआ जवान
बचपन की मधुर स्मृतियाँ, भूल न पाए हर प्राण ।

लड़ना, झगड़ना, रूठना मनाना, फिर एक साथ खेलना
माँ के पापड़ - चिप्स बनाने पर चाव से चारपाई पर सुखाना ।

पिट्ट, गिट्टे, स्टापू, अन्ताक्षरी, क्रिक- क्रिक और रस्सा
लुका-छिपी, दौड़ लगाना, घर-घर, कंचे और गिल्ली-डंडा ।

बैट बॉल, पानी में नाव, रात को घास पर बैठकर गप्पें हाँकना
दोपहर में माँ के सो जाने पर मिलकर हँसी-मज़ाक करना ।

अन्य बहुत सी बचपन की यादें, जिन्हें न चाहें हम भूल जाना
गर्मी की छुट्टियों में नाना, मामा, मौसी के घर जाना ।

दादाजी के घर खेतों में घूमना और ट्यूबबैल में नहाना
बुआ चाची के बच्चों के साथ मौज-मस्ती करना ।

कभी-कभी अकेले बैठने पर, करके याद बचपन की मस्तियाँ
मन खिल उठता, प्रफुल्ल हो जाता, भूलकर सब ज़िम्मेदारियाँ ।

काश बचपन को फिर से ला पाते अपने जीवन में।
कभी कोई गम न होता न होता अवसाद मन में ।

जिंदगी कितनी हसीन बन जाती दुख से रहते दूर सदा
काश! हम ऐसा हम कर पाते, चलो यादें संजों लें मन में बसा ।

23

आँखें

आँखें दिल का हैं दर्पण, करें बयान सब कुछ ये

हैं सदा मूक रहतीं, फिर भी बोलें कितना ये ।

आँखें किसी भाषा की नहीं होतीं मोहताज

आँखों को न चाहिए, कोई सुर या कोई ताल ।

कवियों ने भरपूर लिखा है, इन आँखों पर

आँखों की सुंदरता, है दिखती, हर चेहरे पर।

निकले जल आँखों से, बन करके आँसू

सुख हो या दुख, बस बरस ही जाएँ आँसू ।

ये तो समझने वाले पर करता है निर्भर

देख के वो क्या समझे, इन आँसुओं का बहता निर्झर ।

किसी प्रिय वस्तु को देखकर, शिशु की चमकती आँखें

दर्शा ही देतीं लालसा, उसकी प्यारी-प्यारी आँखें ।

बहुत समय बाद, अपने बच्चों से मिलने पर माँ की बरसती आँखें

उन्हें तरक्की करते देख खुशी से उसकी लरजती आँखें।

आँखों से हम देखें, ये सुंदर संसार

प्रकृति की मनोहर छटा, मुदित हों हम इसे निहार ।

आँखों का गीलापन भी न छिप पाता किसी से

चाहे हम रोक लें आँसुओं को, प्रकट न करें किसी पे।

अश्रुपूर्ण आँखें बतला देतीं, दिल का हाल

दर्द, व्यथा, खुशी सब समझा देतीं बिना बखान ।

आँखों का महत्त्व तो पूछो, उस इंसान से

आँखों के होने पर भी देख सके न वो जिनसे ।

मंज़िल

मंज़िल कितनी भी दूर हो, मैं आगे बढ़ता जाँऊगा
आएं कितनी भी मुश्किलें राह में, कदम पीछे नहीं हटाऊँगा।

कैसी भी आफत आ जाये, सबसे बचकर निकल जाऊंगा
आसान नहीं राहें मेरी, मैं राह पर चलता जाऊँगा।

रुकावटें मुझे रोक न पाएँ, कुछ भी कर मैं जाऊँगा
मंज़िल पाने की ज़िद में मैं, हर मुश्किल से लड़ जाऊँगा।

राह चाहे संकरी गली-सी हो, उससे गुज़र कर दिखाऊँगा
मंज़िल पाना मेरी चाहत, मैं पीठ नहीं दिखाऊँगा।

जब तक मंज़िल न पा जाऊँ, कदम नहीं डगमगाऊँगा
मंज़िल तक पहुँचने के लिए, गलत कदम नहीं उठाऊँगा।

साथ किसी का मिले न मिले, मैं अकेला बढ़ता जाऊँगा
कर्मठ हूँ, दृढ़निश्चयी हूँ, मैं पीठ न कभी दिखाऊँगा।

भगवान् मेरा तुम देना साथ, माँगू तुमसे मैं आशीर्वाद
तुम ही मेरे हो सब कुछ प्रभु, तुम्हे रखूँगा सदा मैं याद।

अपना घर

सबको चाहिए घर रहने को, बड़ा हो या छोटा
जहाँ मिलकर रहें सब, मम्मी- पापा, गुड़िया व भैया ।

सुविधाएँ चाहे सीमित हों, पर प्यार हो भरपूर
खुश रहें हम एक साथ, रह न सकें किसी से दूर ।

हँसें, खेलें, उपहास करें, सुख-दुख में हों साथ
साथ मिलकर भोजन करें, है ये सबसे बड़ी बात।

खुशी-खुशी त्योहार मनाएँ और घर को फूलों से महकाएँ
अच्छे-अच्छे पकवान बनाएँ औरों को भी मन से खिलाएँ।

चाहे कितनी भी थकान हो, घर आते ही मिट जाए
घर से बढ़कर कुछ भी नहीं, तभी तो घर मंदिर कहलाए।

ग़ज़ल

तेरी आखों मैं मुझे संसार नज़र आता है

चाहे तू मुझे न माने, तू मुझे अपना नज़र आता है।

मेरी वफ़ा को तूने, कभी न समझा

मेरे प्यार को तूने, कभी न जाना।

मैं हमेशा तेरी राह में खड़ा था, ऐ सनम

पर तूने मुझे न देखा, न निहारा, ऐ सनम।

यकीन माने, या न माने, मैं तो सदा ही था तेरा

मेरे रहबर, मेरे दिलबर, मेरे दिल मैं आशियाना है तेरा।

मैंने तुझे पूजा, तुझे सराहा है सदा

किसी और को नहीं, तुझे ही दिल मैं बसाया है सदा।

मेरी हर साँस में, तू समाया है सदा

मेरी हर बात में, तेरा ही ज़िक्र है सदा।

मेरी जुबान पर बस, नाम है तेरा

मेरी आँखों में बस, जलवा है तेरा।

समय बिताना तेरे संग, मुझे सुहाता है

तेरी महफ़िल में शरीक होना, मुझे भाता है।

मैं कहीं भी रहूँ, सदा तेरे साथ हूँ

दूरियाँ कुछ मायने नहीं रखती, सदा ही तेरे पास हूँ।

तेरे लिए मैं क्या कुछ, न कर गुज़र जाऊँ

ज़िन्दगी की क्या बात है तेरे लिए तो मैं मर जाऊँ।

मुझे हर तरफ तू ही तू नज़र आता है

और किसी का मैं क्या सोचूँ, सिर्फ तुझसे ही मेरा नाता है।

तेरा इश्क़, तेरी रज़ा और तेरा ही विचार

तू अगर मिल जाये तो बाक़ी सब है बेकार।

www.ingramcontent.com/pod-product-compliance
Lightning Source LLC
Chambersburg PA
CBHW022009150726
47990CB00002B/579